뜸북새의 기억

이 도서의 국립중앙도서관 출판예정도서목록(CIP)은 서지정보유통지원시스템
홈페이지(http://seoji.nl.go.kr)와 국가자료공동목록시스템(http://www.nl.go.kr/kolisnet)에서
이용하실 수 있습니다. (CIP제어번호 : CIP2017005740)

뜸북새의 기억

초판 1쇄 발행 2017년 3월 27일

지은이 이원문 **펴낸이** 임정일
책임 임병천 **편집** 김지해, 김수경 **디자인** 이동헌

펴낸곳 책나무출판사
출판신고 2004년 4월 22일(제318-00034)

주소 서울시 영등포구 신길3동 325-70 3F
전화 02-338-1228 **팩스** 0505-866-8254
홈페이지 www.booktree.info

ISBN 978-89-6339 523-4 03810

이원문
제43집

뜸북새의 기억

이원문 지음

책나무

| 차례 |

제2부

제3부

제4부

제1부

기억의 들국화

추위에 떨며 지나던 언덕

아직도 그 바람 가슴속에 스며든다

너의 향기 쓸어 가던 날

개울물에 담근 발 지금도 시렵고

석양에 짊어진 짐 내려놓지 못했다

주저앉은 푸서리의 너

나 네 노란 꽃 파란 잎 너 찾아가리

너의 향기 못 잊어 다시 찾아가리라

벼 이삭 형제

귀찮게 오는 비

언제 그치려나

구름 걷혀 바람 불면

더 추울 것인데

마르던 논 젖어

고무신에 흙 달라붙고

허리 숙여 집은 이삭

미끄럼에 또 놓친다

낙엽의 사랑

이 아름다운 낙엽에
누구의 이름이 오를까
주워 든 낙엽에 마음 설레인다
무늬만큼이나 예쁜 모습
얼굴에 점 하나 그 추억까지
양지에 앉아 옛 모습 그려본다

이제 다 가버린 날에
먼 옛날 미련의 기억들
그 모든 아름다운 날이
이 낙엽에 들어 있나
떠오른 기억 허공으로 날아가고
모습도 하나 둘 흐려져 간다

낙엽의 교훈

인생은 낙엽과 같은 것
성한 것이 어디에 있고
안 떨어질 것이 어디에 있나

떨어지면 그 자리에 있나
오그라들어 굴러야 하고
귀찮은 존재 되어 밟히고 쓸리고

끝내 눈에 덮여 그것이 다인데
봄버들 춤추니 춤추는 줄 아나
꽃 피고 새우니 봄이 왔는 줄 아나

매미 껍질

내가 남에게 보일 수 없듯
남도 나에게 보이지 않는다
서로가 표정에 표정으로 읽는 마음
없는 이야기 그새 펴져나가고
있는 이야기라도 부풀려 나간다

알고 보면 그것마다 사연이 있고
몰라도 숨긴 것에 이유가 있었다
처지가 바뀌면 아니라 하고
드러나도 그것을 변명하는 사람들
무엇을 의식하여 두른 옷으로 가리려 하나

뒷모습

세상은 낮만 있는 것이 아니라
캄캄한 밤도 있다네
하늘도 맑기만 한 것이 아니라
구름 낀 흐린 날도 있고
더 나가 바람 불어 먹구름 밀려오면
내리는 비에 모두 젖어야 한다네

세상은 내 것으로 내가 사는 것이 아님을
어찌 내 것으로 내가 산다 할까
이웃 인생 얻어 살고
그 세월 빌려 사는 것을
서로가 주고받고 더불어 사는 인생
넣고 채운 것이 혼자만의 힘이었나

밥상

놓여 있는 밥 그릇
그 밥그릇에 목숨이 담겨 있다
쥔 숟가락에 내일이 들어 있고
마음이 보낸 젓가락의 길
몇 번을 돌아 무엇을 집었나

눈속임에 집고 보니
다시 집어야 하고
혀끝의 쓰고 단맛
마음 불러 가르친다
이 세상과 같은 밥상
집어야 할 것이 무엇인가

저무는 시월

느낌이 빠른지
시간이 빠른지
이제 추워 양지가 찾아진다
그만큼 지나온 날
남은 날은 며칠인가

첫서리 내리면
더 줄어들 것이고
남은 낙엽 떨어지면
첫눈이 올 것인데
떨어진 네 낙엽 알고 있는지

첫서리의 슬픔

장독대 살얼음만큼이나
얇아지는 마음
어쩌면 종이보다
더 얇아지고

첫서리에 하얀 낙엽
아침 햇살 드리우니
한쪽부터 녹아내려
눈물과 같아진다

안 다닌 논의 벼이삭
언제 다 주울까
밤사이 바람 불면
더 추울 것인데

이제 겨울인 듯
떨어질 낙엽이 더 남았나
우물 안의 서린 김
내 입김과 같아진다

단풍의 고향

억새꽃 따라
뒷산 기슭 오르면
높고 낮은 단풍
넝쿨에 가려 있고

삐뚤은 단풍
그 모양새 가리려
더 빨간히 예쁘게
보는 눈 못 벗어난다

나 어릴 때 길이어도
새롭기만 한 길
몇 포기의 억새꽃
나의 눈길 기다렸나

이 가을 오르는 산
눈 안의 단풍들
멀리 보면 볼수록
옛 생각에 젖어든다

시월의 바다

지우는 이 순간이
어제의 미련인가
홀로 남긴 발자욱
파도가 휩쓸고
깃 부풀린 갈매기
먼 바다 바라본다

추운 기다림이
너무 먼 시간이었나
깃털에 머리 묻고
얼마를 기다렸나
마지막 찾은 바다
갈매기 울먹인다

고향 풍경

짙은 단풍에
첫서리 가깝고
거둬야 할 고구마 넝쿨
할머니 걱정된다

애 아범아
내 오늘 고구마 줄거리
다 따놓았으니
내일은 넝쿨 거두거라

소쿠리로 하나 가득
벗겨야 할 고구마 줄거리
집안이 다 모여도
벗기기가 더디다

그리고 너 큰 년은
어디 나가지 말고
에미하고 줄거리 벗겨야 돼
솥에 고구마 앉혔으니 불 때거라

해질 무렵 가까운 저녁
화가 난 할머니 언니 찾는다

부엌에 들어가면 못 나올 언니
지레 겁먹고 어디로 도망갔나

약이 오른 할머니 잔뜩 벼른다
요것이 나 우물 둥치 간 사이
뒷문으로 도망쳤지
이년 오늘 들어오기만 해봐라

수탉의 가을

닭장 안 새벽 별
언제 들어갈까
횃대의 수탉
암탉 깨운다

우렁찬 수탉 울음에
밝아 오는 오늘
나들이에 들뜬 암탉
닭장 안 맴돈다

텃밭으로 울 밑으로
먹을 씨앗 널려 있고
멍석 위 곡식도
못 본 척 넘나본다

큰 활개짓에 우렁찬 울음
암탉 데리고 어디로 가려 하나
수수깡 울타리 기와집 돌담
마지막 들어올 때 텃밭에 들릴까

오는 길에 맞닥뜨린 이웃집 수탉
서로 세운 목의 깃털 누가 이길까

피 흘리는 사랑싸움 너무 가엾어라
차라리 기 싸움이면 아름다울 것을

낙엽

저렇게 힘없이 떨어지는 것을

구르는 낙엽을 어떻게 잡을까

방법은 하나 바람을 막아야 할 것인데

그 바람 아니 불면 안 되는 것인지

구르는 낙엽에 마음 없어지고

멎지 않는 바람 쉼 없이 굴려간다

약속의 가을

먼 시간의 만날 날
아직 잊지 않았는지
단 한 번의 마지막 날
오늘이 그날인가

설레임의 처음은
몸이 굳어 말 못 했고
오늘은 입이 굳어
어떻게 말을 할까

다가온 떨림의 시간
그 자리에 가야 하나
아니면 숨어 바라보아야 하나
모아온 그날 처음으로 가자 한다

그늘진 욕심

보이는 눈 안의 것
이것이 다 무엇인가
무엇을 버리고
어느 것을 덮을까

귀에 담은 소리에
버리지 못하고
덮는다 하면서
못 덮지 않았나

쥘 것에 눈 어둡고
버릴 것에 추한 마음
씻은 마음 씻었다
그 양심도 씻었나

우렁이 인생

손꼽아 헤아리며
뒤돌아보는 날
그 며칠에 웃음이
몇 번 있었나

낳아 기른 아이
권리 달라 조르고
떠넘겨진 책임에
또 잃어야 할 웃음인가

낙엽과 같은 인생
밤마다 외롭고
보인 표정 눈치챌까
문밖을 나선다

낙엽의 시간

네 갉아먹힌 공간에
나를 넣고
떨어지는 순간
시간을 넣는다

못 넣을 것이 있다면
그것이 무엇일까
놓치고 놓아야 하는 것이
어디 너뿐이겠는가

그다음 순서는
네 몫이 아닌데
그 몫의 순서에
따라야 하는 것인지

슬픈 가을

다 버려라

그리고

내려놓아라

눈 안의 것도

지우고

담은 소리 흘려라

내가 버릴

빛과 그림자

어디 그것뿐이겠는가

저출산

저출산에는 이유가 있었다

국방 인력
산업 인력
그리고 또 하나
사회 복지는 누가 메워 줄 것인가

우리나라는 다른 나라 사정과 다르다

남과 북
그리고 일본
강대국 틈에 끼어
그 나라 믿고 큰 소리 못 치는 나라

다문화의 보따리에 무엇이 들어 있나

섞이는 인종에
어색한 문화
나뉨의 국민은
누가 걱정하고 무엇으로 막아야 하나

제2부

읽고 싶은 가을

조용히 읽어보는
아름다운 날의 이야기
하나 둘 떨어져
낙엽에 쌓인다

그 많은 날의 이야기
다 떨어지는 날
저 앙상한 가지에
무엇이 남을까

바라본 가지에
남아 있는 이야기들
밤사이 떨어지면
어떻게 하나

간난이 우는 밤

초저녁부터 칭얼대며
어부바에 보채는 아이
설한에 쌓인 눈 첫닭 울기는 아직 멀다
속담으로 보면 집안 식구에게 미안하고
우는 아이 안으니 하늘이 무너진다

듣다 달려온 이웃 할머니
안타까움에 문 두드리며 에미 있냐 묻는다
네 할머니 초저녁부터 아이가 보채고 울어요
뜨거운 몸에 젖 넘기며 안아도 울어요
어떻게 해요 할머니 어떻게 해야 돼요

아이 이리 주고 바늘 가지고 오너라
그리고 바가지에 죽 쑤어 버리거든
청수 한 그릇 떠 올리고 빌어 주려무나
첫닭 울면 의원 집 찾아가 침 맞추고 약 지어와
돈은 내게 있으니 걱정하지 말고 다녀오거라

이산가족

여기에 온 나
그 세월에 내가 맞소
당신 나
알아보겠소

너의 사진
다시 한 번 보자
이것이 너의 고모이고
할머니란 말이냐

다른 사람 없어도
다 보이는구나
아부지도 보이고
세월도 보이는구나

나도 모를 내 눈에
아직 눈물이 남았었네
이 늙은 가슴에 무엇이 서려 있겠니
이제 가라 다들 돌아가거라

황혼의 편지

가을날 단풍처럼
저무는 인생
떨어지는 것이
어디 낙엽뿐이겠는가

낙화에 시드는
들꽃에 오는 세월
지나간 한여름
열흘을 알았는지

다 저문다 저물어
인생도 저물고
세월도 저물고
기우는 하루도
저물어 가는구나

외로운 창문

날마다 외로워
선율에 씻는 밤
누가 부르면
대답하고 싶어요

달력의 글씨 짚어
헤매이는 밤
짚고 짚어보면
나설 날도 없고요

바람에 창문 흔들려
누가 부르는 것 같아
문 열고 둘러보면
아무도 없어요

어둠에 갇히고
방 안에 갇힌 몸
갇힐 것이 더 있다면
눈 감아야 하나요

꽃가마의 노을

세상은 다
아무것도 아니라네
꿈도 희망도
오늘도 내일도
다 아무것도 아니라네

구름과 같이
떠돌다 가는 인생
넘고 넘은 세월이
구름 같지 않은가
다 아무것도 아니라네

몸뚱이 하나에
두고 가야 하는 웃음
쥐었다 놓은 것이 무엇이던가
끝은 그것뿐
다 아무것도 아니라네

마지막 가을

불어오는 바람
나뭇가지 터는 길
떨어지는 낙엽
머리에 앉는다

돌아서면 두 번 되는
마지막 길이 될까
흩어진 노을
어둠이 가리고

잊어야 하는 마음
낙엽 따라 구른다

개울 인생

징검다리 건너는 듯
건너온 세월
그 많은 물 따라
여기에 왔다

기우뚱 넘어질 듯
딛고 딛은 세월
넘어져 빠지며
눈 적시고 왔다

삐뚤은 줄 모르고
딛었던 징검다리
두드려도 그때에는
왜 몰랐는지

이제 저무는 길
두드릴 힘없고
흐르던 물 줄어드니
고인 물에 머문다

초가집의 그날

깊어간 가을 첫서리 내려앉고
불어오는 문간 바람
낙엽 굴려 모은다
뜨락으로 울타리로
웅크린 검둥개 무엇을 바라보나

지붕 위 남은 박
언제 내려오려는지
시들은 줄거리 세월에 마르고
추녀 밑 옥수수 묶음
조용히 잠든다

미련의 길

밟히는 낙엽에 깨어지는 그날

다시 눈 감으면 그날을 잊을까

예쁜 낙엽 주워들면 그 모습이 지워질까

걸어도 걸어도 지워지지 않는 길

떨어지는 낙엽마다 옛날을 모은다

운명의 양지

움츠린 석양
노을에 춥다
사정없이 부는 바람
나뭇잎 털어내고
떨어진 세월 바닥을 긁는다

뒤집힌 옷깃 내려
쓸쓸히 걷는 길
주머니에 손 넣으니
무엇을 잃었나
날 저문 운명 어서 가자 한다

어머니의 낙엽

벗어 던진 두른 수건
하얀 세월 묻어나고
한차례의 바람
양지 훑고 지나간다

도시로 간 아이들
잘하고 잘 사는지
저무는 늦가을
바람부터 차갑다

저 멍석에 널린 곡식
언제 다 거둬들일까
털고 줍고 나누어 담고
어머니의 몫은 어디에 담나

가을 안개

옥양목 두른 듯
저 앞산
짙은 단풍
언제 보일까

바람 불어 벗겨지면
드러날 것인데
드러나면 울긋불긋
아침 햇살 받을까

뚫어진 구름 사이
먼 햇살 내려앉고
구르려 머문 낙엽
저녁나절 기다린다

앞산의 가을

평생을 바라보며
가슴에 묻은 산
이 가슴에 묻힌 것이
저 산뿐이겠는가

옆 동네에서 이 동네로
저 산에 묻힌 것을
가슴에 묻어왔고
묻힌 내 아이 에미 찾지 않는지

이렇게 저렇게
찔레꽃에 보낸 세월
앞 전 진달래는 얼마나 예뻤나
여름날 저 산 그늘에 몸 식혀 들어왔고

이제 그 곱던 단풍
세월 따라가는구나
설한을 앞둔 시간 방문 닫자 하고
나 부르는 이 누구 없소 바람 불어 춥구나

첫서리의 일기

움츠러든 마음
몸도 춥다
장독대 지붕 위
하얀 서리에 서럽고

썰렁한 부엌일
무엇부터 해야 하나
끄을린 부엌 천장
김 서려 얼룩진다

미닫이의 찬장 안
채워야 할 빈 그릇
간장 종지에 담긴 마음
짠지 독 찾는다

흑색 단풍

아름다운 순리를 못 따라가는 인생

떨어진 낙엽 하나에 무엇을 넣었나요

나뭇잎 털어내는 나뭇가지에 걸친 마음

저 파란 하늘에 점 하나 찍어 보셨나요

찾아온 눈 안의 봄 어떻게 하셨나요

회상의 양지

떨어진 낙엽 바람에 구르고

덧없어라 가는 세월 나뭇가지에 걸치네

눈 안으로 들어와 한숨에 가는 세월

저 나뭇가지에 세월만 걸쳤나

돌아보는 날에 하염없이 흐른 눈물

거둬 산봉우리에 올리면 어느 구름이 거둬갈까

허공에 떠올려 추스르는 마음

밟힌 낙엽 깨어져 바람에 흩어진다

겨울 문턱

가을도 아니고
겨울도 아니다
한낮의 가을
밤사이 겨울 되나

늦가을의 초겨울
떨어진 낙엽들
구르다 머무른 곳
어느 계절에 놓여 있나

잎 털어낸 나뭇가지
찬바람에 외롭고
아직 남은 꽃 단풍
하룻밤이 두렵다

감

우리 할머니는

소금물 데워놓고

감 좀 따오라 야단하시더니

따온 감 방구리에 씻어 담아

수수 잎 벗겨 말아 예쁜 돌로 눌러 놓으셨다

밤

우리 할머니는

부엌 나무광 구석에

작은 항아리 묻어놓고

알암 주워 오라 성화하시더니

주워온 알암 골라 깊이 묻어놓고

겨울 돌아오면 할아버지 제사에 쓴다 하셨다

제3부

오동나무의 달

지붕 위 오동 잎 힘없이 떨어지는 밤
환한 달 넓다란 잎 끝까지 바라본다
그것이 다가 아닌 지나는 구름 달빛을 가리고
어두워도 작은 잎 머무를 새 없이 떨어진다
나뭇잎 털어대는 달 밝은 밤
풀숲에 떨어진 잎 그 자리에 주저앉고
가지에 걸친 잎 아쉬운 듯 머무른다
멀리 날아 개울에 떨어진 잎 어디로 가나
때 알리는 바람 나뭇가지 흔들어대고
잎 놓치는 나뭇가지 놓을 수밖에 없었나
잡아주지 못해 놓아야 하고 놓을 수밖에 없는 잎
바람이 데리고 온 자리가 이 자리인가
엊그제 새 앉히고 꽃 피워 벌 나비 부르던 날
보라색 꽃 낙화에 떠난 그 벌 나비들
늦가을 첫서리에 그 향기 잊지 않았는지

어머니의 사랑

늦가을 힘없이 떨어지는 낙엽마다
어쩌면 저리도 힘없이 떨어질까
저렇게 잠깐인 것을
방문 열고 나와 마루 짚고 앉으니
마루는 그만두더라도
집어든 어느 것 하나 안 차가운 것 없고
바람 불어 몸 움츠리니 오그라드는구나

우리는 어머니께 어떻게 해드렸나
낳은 죄에 평생을 가슴에 묻고 살아오신 어머니
어머니 입 안의 것이 어찌 달다 할까
그것까지 빼앗아 내 입에 넣지 않았나
자식 낳아 길러보니 뉘우침의 어머니는
어떠한 모습이던가
무엇이든 어머니 것이 아니었던 어머니

찾아온 병에 낳으시라 지어드린 약이
이제 와 저문 효도에 무슨 소용이란 말인가
불편한 몸의 어머니께 구경시켜드린다 하니
어머니 웃으시며 따라나서 구경 가자 하시던가
효도 음식 비켜놓고 김치국물로 입맛 돌리시는 어머니
깎아도 헤쳐진 베개 자국 그대로 백발의 어머니

이 가을 어머니의 마음 뉘우쳐 헤아려드립니다

기러기의 노을

쓸쓸히 걷는 길

바람 차갑고

떨어지는 낙엽마다

시린 마음 섞인다

한숨에 떠오르는 날

잃고 잊은 옛날이 거짓이었나

그 마음 낙엽 따라

이리저리 구른다

오빠의 달

나의 것인 줄 알았던
달 안의 그리움은
오빠의 것이었고

오빠의 것인 줄 알았던
홀로의 외로움은
나의 것이었다

둘이 둘로
하나가 못 된 것은
나의 잘못이었고

둘이 하나로
둘로 나뉜 것은
오빠의 잘못이었다

조상의 이름

그 시절을 이해하고
아름답게 들어야 하나
잘못된 이름이라
흉으로 웃어야 하나

배움도 없고
학교도 없던 시절
병원도 없고
약국도 없던 시절

모자라고 부족함에
돌림 병 많고
찾아온 병 못 읽어
일찍 떠나야 했던 시절

먼 의원 집 하나에
하늘에 명을 빌고
천티 천한 이름으로
실타래에 명을 얹었다

그 시절 입으로 지은 이름
글 몰라서만 그랬나

천하게 지으면 명이 길다 하여
개똥이 말자 말순이 언년이 만득이
그 이상 글 좀 안다 하여 한문 풀이의 몇 자다

담쟁이의 저녁

가깝다 하기보다
돌아가야 할 먼 돌담
저곳까지 뻗어 가기에는
너무 긴 시간이라 할까
마디에 붙인 발 건너뛰지 못하고
빨간 단풍 물들여 이 자리에 멈췄다

바늘로 꿰매듯 한 땀 한 땀으로 뻗은 세월
실타래 엉키듯 엉키며 뻗어 왔다
이제 풀지 못하고 뻗지도 못하는 것인가
물들여 떠난 시간 땅 바닥에 구르고
털어대며 부는 바람 어디로 가라 하나
담쟁이의 돌담 하루 해 저물어 간다

환희의 생(生)

왔다 가는 좋은 세상
좋게 왔다 가세
빼앗은 것 돌려주고
베풀며 살아가세

날씨와 같은 인생
양지만 있겠는가
양지도 구름 오면
음지가 될 것인데

마음 안팎 봄날의 꽃
자세히 바라보세
못 넘긴 열흘로
단풍에 지우지 않나

배추 밭

며칠 전 양지는 따뜻했었는데
내리는 몹쓸 비 나뭇가지 터는구나
바람까지 불며 문 안에 끼얹는 비
텃밭 무 배추로 보아 그만 와도 될 것인데
담 밑에 몰린 낙엽 이제 거둬내야 하나
얼마 전 물들여 그렇게 예쁘더니

저 논바닥에 벼이삭 어떻게 하나
아이들이 주워도 싸라기가 될 것인데
죽 쑤워 먹으면 덜 까실 되려나
주워 가는 아이들 얼마나 불려 먹을지
쓸쓸한 가을비에 빼앗기는 마음
배춧잎에 앉은 낙엽 힘이 없구나

사랑의 계절

봄부터 세월은 그렇게 흘러갔다
앞산 꽃 그림 안개가 가리던 날
바구니에 담은 사랑
찔레꽃에 나누어 얹고
그 꽃 지던 여름날에
봉숭아꽃 물들이며
그렇게 흘러갔다

이제 저 앞산 단풍에
무엇을 얹을까
얹어도 떨어지는 며칠의 시간
나뭇가지에 걸치면 그대로 있을까
삭풍에 떨어져 눈 소복히 덮이는 날
허공의 먼 그리움
이듬해의 봄 알리겠지

나뭇가지 인생

인생은 나 하나
버릴 정에 매달렸다
채워도 채운 것이
그대로 있을까
끝내는 버리는 것
빈손이 인생이다

버릴 것이 내 몸 안
배설물뿐이겠는가
눈 안에 들은 것도
귀에 담은 내일도
마음속에 숨긴 그릇
그것까지 버려야 한다

내 담을 그릇에 얼마나 담길까
나머지 그릇 돌아보지 말고
채워도 넘친 것은 버려야 한다
내 그림자 지워지듯
다 지워지는 인생
끊을 정 끊긴 정에 무엇이 매달릴까

고독의 노을

떨어지는 낙엽에 섞이는 마음
무너지는 한순간이
저 낙엽과 같은 것인가
억새 꽃 찾던 언덕
다시 떠오른다

그날 찾아 찾던 사랑
아름다운 날의 믿음은
누구의 것이었나
잃어버린 옛날 찾아
이 길을 걷는다

고향의 단풍

노란 싸리 단풍
빨간 진달래
멀리서 보는 옻나무 잎은
어찌 그렇게 빨갛던지

언덕배기에 오르면
찔레 열매 빨갛고
한 주렁 따 가슴에 달면
절로 예뻐졌었나

할머니네 은행잎은
어느 책에 숨겨둘까
그 시절 단풍잎
빛바래 부서진다

외로운 낙엽

그날을 찾아갈까
마지막 편지를 읽어볼까
낙엽 따라 걷는 길
옛날을 헤아린다

우리 둘이 행복했던
아픔의 그날
그 아름다운 날 위해
오늘이 있었는지

돌아서는 그날부터
잊혀진 얼굴
외로워 그린다면
다시 그릴 수 있을지

뒷동산의 가을

할미꽃 동산
곱게 물들이고
하늘 높이 허공의 매
이리저리 맴돈다

잔디에 누워
바라보는 파란 하늘
저 구름 산 넘으면
어느 그림이 그려질까

흩어져 오는 구름
미루나무에 걸치고
높이 떠 맴도는 매
눈 마주쳐 비켜선다

백 년

한해살이풀과 같이
단 백 년을 못 사는 인생
살면서 이웃에게 어떻게 했나요
나뭇잎 털어내는 나뭇가지 보셨나요
떨어진 낙엽이 어떻던가요
시드는 풀잎처럼 병들어 가는 인생
미련을 둔 씨앗인들 무슨 소용이 있나요
흐르는 강물 따라 두고 가야 하는 인생
그 강물 가기 싫다 거스르던가요
찬바람 서릿발에 시들지 않은 것 없는 세상
따뜻한 아랫목이 며칠이나 될까요
끝물의 오동잎 떨어지는 날
또 한세월 흰 눈에 덮이겠지요

오동나무의 달

오동나무 가지에

보름달 걸친 밤

부엉이 밤새워

호롱불 바라본다

품 안의 언년이

저 부엉이 울음 듣는지

열일곱 해 언년이의 꿈

오동나무 밑에 묻는다

지게의 언덕

푸서리의 찔레나무
칡넝쿨 엉킨 언덕
디딜 틈 없이 자란 풀
시들며 마른다

나무에 오른 칡넝쿨은
가지 얽어 당겨야 하는지
눈 박이었던 그 많은 꽃
다 어디 갔나

빨간 찔레 열매
그 꽃만큼이나 예쁘고
잎 털어낸 나뭇가지
바람맞이에 쓸쓸하다

운명의 가을

가을은 슬픈 계절
놓인 이 앞의 것이 다 무엇인가
떨어지는 낙엽에서 인생을 배우고
나뭇가지 바라보며 허공을 짚는다

몰려오는 저 구름 마음까지 가리려나
내리는 비에 섞이는 세월
빈 주머니로 흘러들고
버리고 잃은 시간 나뭇가지에 걸친다

밟히는 낙엽은 낙엽이 아니라
부스러져 소리 나는 운명의 소리인가
밟혀도 소리 없는 이슬비에 젖은 운명
젖은 옷에 비 피하니 바람이 괴롭힌다

낙엽의 정

차라리 떨어지는 것이 좋았을 것을

위쪽 가지는 다 떨어져 홀가분한데

아래쪽 몇몇 잎은 겨우 매달려 살랑댄다

놓고 놓아야 하는 것이 저리 힘든 것인가

불어오는 바람 어느 편에서 있나

끝내 떨어지면 굴려 모을 것인데

고향 김장

시월 스무날
일 년도 두 달 남짓
한세월 다 갔구나
이제 추워 얼어붙을 것인데
눈발 날리기 전 큰일 하나 남았네

무엇부터 어떻게 해야 하나
며느리들 부르면 내려오려나
뽑아 나르고 다듬어 절이고
절임 배추 건져 놓으면
앞개울까지 누가 나르나

밤새워 썰고 버무려 무치고
넣을 속은 품앗이로 해야 하나
모자라는 고춧가루 누구네서 빌리나
김치독 항아리 씻어 엎어놓고
함지박 꺼내며 인기척 기다린다

제4부

볏 가마

뜨락 한곳 낙엽 쌓이고
이리저리 부는 바람 낙엽 굴린다
공출에 내보낼 벼
방아 찧어 쌀 내릴 벼
쌓아놓은 볏 가마니 세어도 그 숫자
나누고 빼고 나니 또 모자란다

이른 봄 모내기에 써레질하던 날
못자리 위 둑 찔레꽃이 그렇게 예뻤었는데
물꼬 트며 올려보면 노란 꾀꼬리 울었고
여름날 논 가운데 뜸북새 소리
뻐꾹새 소리 또한 처량 맞지 않았나
이제 그 세월 이 볏 가마니에 묻는다

옥양목의 밤

하루해 거두는 삶
찾는 사람 없고
휑하니 부는 바람
뜰 양지 거둬간다

썰렁하니 냉한 부엌
방 안은 안 춥겠나
솔까래에 불 집혀
노란 불꽃 두드리니

떨어진 해 불 밝혀라
성냥 둔 곳 알려준다
더듬어 찾은 성냥
어느 등에 불붙일까

철새의 사랑

떠나면
이 자리를 다시 찾을 수 있을지

찾아도
이 자리에 머물러야 하는지

날아도
가는 곳이 어디인 줄 모르고

앉아도
그 자리가 영원할 수 없다

어머니의 가시

우리 어머니는

손에 가시 박혀

우는 나를 붙잡고

굵은 실로 동여매더니

이불 바늘을 꺼내어

등잔불에 달궈놓고

꾹꾹 눌러가며 파내주었다

그리고 된장 발라 헝겊으로 메주었다

작은 이별

창밖에 내려앉는 아름다운 날처럼

그리움 떨어져 낙엽에 쌓인다

한 잔의 커피에 묻어나는 옛 향기

그 향기 못 잊어 이 한잔에 담았나

잃어버린 먼 옛날 잊혀진 얼굴

향기는 아직 그대로였다

타향 만리

석양에 지는 해 어둠을 부르고
디딘 발 쉬어가자 묵을 곳 찾는다
이 집 저 집 저녁연기 나 묵을 곳 어디인가
밟히는 낙엽 소리 깨어지는 세월
방황의 눈물 어느 곳으로 흐르나

한 집 건너 바라보면 그 집도 아니고
허기에 찾은 집 곡소리에 슬프다
바람 안고 돌아선 몸 호롱불 가물가물
보이는 짚까리 나 어디로 가라하나
기댈 곳 없는 몸 그 고향 가자 한다

까치의 노을

떨어진 낙엽 이리저리 구르고
나뭇가지의 까치 어느새 춥다
올봄 높은 가지에 덩그런히 지은 집
저 까치 어이 집에 안 들어가나

추워도 못 들어갈 사연이 있는지
잎 털어낸 나뭇가지 해 떨어져 외롭고
정월 보름 둥지의 꿈
까치의 노을 녘 저물어간다

개똥참외

보리밭 지나 찬 우물가는 길

언제부터 감춰놓은 퍼런 참외인가

배보다 배꼽이 큰 기다림의 참외

혼자만이 감춰놓고 익는 꿈꾼다

죽음의 뒷모습

그 잠깐의 일생
누가 울고 웃을까

함께할 눈물인지
관심 밖의 슬픔인지

살아생전 나눔이
얼마나 있었나

버릴 것 못 버리고
채웠는지 비웠는지

국화 꽃 한 송이에
찾아간 이 슬프다

봇도랑

고인 물의 잔 물살 떨어진 잎 모으고
낙찰구 돌 틈에 송사리 떼 잠든다
이 가을도 마지막 떨어질 것이 또 있나
어리는 나뭇가지 수초 잎 걸치고

한 귀퉁이의 수초 꽃 피다 말고 낙화 된다
늦가을의 초겨울 차가움은 이런 건가
체 들고 온 아이들 언제 다시 찾으려나
그 아이들 썰매들고 찾아올 날 기다린다

화장터의 노을

눈감은 사흘
이제 들어가야 할 시간
일곱 번 묶여 어제 마주한 시간인가
이 모습에 남긴 정 며칠이나 갈까

묶고 묶인 몸 쇠 서랍에 올려주니
서랍에 감기는 정 불꽃을 피운다
긴 줄만 알았던 이렇게 짧은 시간
묶이는 이 몸 보며 누가 울었나

내 아꼈던 옷 다시 가져가거라
내 것은 없다 다 가져가거라
두고 가는 정 하나에 뉘우침 섞지 말고
이제 다 끊고 모두 잊어버려라

구름의 길

어서 많이 본 듯한
저 구름 어디로 흘러가나
웃고 울던 날에 앞산 넘던 저 구름

새소리 물소리 모두 듣고 넘었는지
찔레꽃 필 무렵 올려 보던 구름인 듯
노을의 나뭇가지 그날을 걸친다

외로운 하루

추우면 추워서 겨울이라 하는데
겨울 아닌 늦가을 마음부터 추워진다
모두가 떨어지고 껍데기로 시드는 세상
겨울 문턱의 이 가을 흐린 날도 한몫하나

며칠 내에 눈 내려 움츠려들어 시려울 몸
양지 찾아 옷 입으면 그런대로 따뜻할지
시리고 추운 마음은 어느 것에 의지할까
흐림의 늦가을 나뭇가지 외롭다

故 김영삼 전 대통령님께

국회의사당 저문 저녁

노을 지고 있습니다

故 김영삼 전 대통령님

그동안 수고하셨습니다

대통령님의 정의와 자유

우리 국민 잊지 않겠습니다

2015. 11. 26

끊어진 가을

어떻게 이럴 수가
하루 새 가을이 끊어지다니
나뭇가지의 남은 잎 아직 그대로인데
내리던 비 눈 되어 그 잎에 쌓이고

땅으로 내린 눈은 아직은 아닌지
녹아 흘러내려 한곳으로 고인다
냉정한 것이 세월이라 하거늘
아무리 냉정해도 이렇게까지 할 수 있나

허무하고 허무하다
저 먼 산의 하얀 눈 얼마나 쌓였나
바라보는 산 기러기 떼 산 넘고
매달린 나뭇잎 내일을 기다린다

삶의 투정

마음대로 안 되는 것이

사람이고 인생이다

가자하는 대로 가야 하고

몫으로 만족해야 한다

누가 묻는다면

어떻게 말을 할까

가야 한다 가자하는 대로 가야 한다

안 가고 못 가도 그 몫은 변함없다

아버지의 겨울

서너 아궁이에 넣을 나무
얼마를 해야 하나
아침 일찍 떠나면
점심때가 되고
점심때 떠나면
해 질 녘에 돌아온다

하루에 없어질 이 한 짐의 나뭇짐
짊어진 짐 산마루에 내리니
바라보이는 높고 낮은 산
안 다닌 곳이 어디에 있나
멀리 웅달 산 쌓인 눈 그대로
마을마다 저녁연기 피어오른다

겨울 인생

양지 녘에 저무는 인생
하루가 짧구나
쬐던 볕 흐려지고
점심나절 바람 부니

어느덧 하루해
지붕 넘어가고
매달리는 고드름
손마디 바라본다

이렇게 짧은 것이
양지 녘의 인생인가
방 안으로 모는 바람
설기도 서럽구나

외로운 그림

그리는 산과 들
붙일 것 없고
뗄 것도 없다
보이는 그대로
그려야 한다

바람은 그릴 수 없어
저녁연기로 하고
외로움은 먼 산 넘는
구름으로 점찍는다
기다림은 높이 나는 기러기로 하고

추운 것은 소나무에
흰 색으로 칠한 듯
허기의 서러움은
양지 녘에 볕 쬐는
그 아이의 누더기 옷을 그린다

첫눈의 일기

어느 날이었나
살짝이 내리는 눈
나뭇가지에 앉던 날인가
바람까지 쓸쓸히 불어대는지
바라보면 아무 것도 없는데
무엇인가 걸쳐져 눈 안으로 들어오고

알 수는 없지만
그것이 그리움인가
몸 움츠려 하늘 보면 옅은 구름 흐르고
이 세상에 맡겨져 홀로 가야 하는 길
내 그림자의 발자국은 어디에 있나
함박눈에 남기고 싶어라 나의 그 발자국